Falsa Sicurezza

Falsa Sicurezza

B. Vincent

CONTENTS

First Printing, 2025

Introduzione

Chi non vorrebbe un po' di sicurezza in più con i propri fondi di investimento? Che si tratti di una paga multimilionaria o di 5 $ in Dogecoin, tutti cerchiamo la tranquillità finanziaria. Tuttavia, quando si tratta di investimenti passivi, quel senso di sicurezza potrebbe essere più sfuggente di quanto pensiamo. Il vero costo di detenere una parte del tuo portafoglio in contanti può essere difficile da discernere durante le impennate del mercato. Tuttavia, il prezzo delle opportunità mancate può essere più corrosivo di quanto si possa pensare, anche quando i rischi a breve termine sembrano bassi. È ovvio che la fine logica di ogni processo di investimento è, in effetti, un investimento; investiamo per costruire un futuro.

La trappola dell'autocompiacimento

Sfortunatamente, molti investitori cadono nella trappola dell'autocompiacimento, dando per scontato che una solida performance passata di un investimento passivo sia predittiva di un successo futuro. Questa convinzione si estende non solo alla performance generale del mercato, ma anche alla fattibilità degli investimenti passivi in singole aziende. Svalutare l'investimento passivo come strategia poco sofisticata semplifica eccessivamente la questione. Non tutte le aziende con ampio fossato sono necessariamente buoni investimenti alle loro attuali capitalizzazioni di mercato.

L'ascesa dei commercianti al dettaglio

Da fine 2019, le principali società di brokeraggio a zero commissioni hanno documentato un ritmo accelerato di acquisizioni nette di nuovi clienti. Questa impennata ha portato a un'inquietante disconnessione tra trader al dettaglio pericolosamente ingenui che credono di impiegare "strategie di investimento passive" e i fondamentali che in realtà rendono sagge tali strategie.

Gatekeeper e strategie passive

Potrebbe essere utile ai gatekeeper che ricevono aumenti di commissione per accogliere tutti gli afflussi gestiti passivamente, proprio come preferire una barca che rema da sola. Una strategia passiva implica il posizionamento del capitale in un pacchetto conveniente di tutte le attività commerciali quotate in borsa del mondo, offrendo un'illusione di sicurezza che potrebbe non reggere all'esame.

Un'immersione più profonda

In questo libro, approfondiremo i preconcetti e le insidie degli investimenti passivi. Esploreremo come strategie apparentemente sicure possano a volte portare a opportunità mancate e rischi trascurati. Esaminando le sfumature del panorama degli investimenti, scopriremo perché un approccio più attivo e informato potrebbe essere necessario per proteggere davvero il tuo futuro finanziario.

1

Comprendere gli investimenti passivi

Un investimento passivo è un metodo per generare reddito utilizzando strategie di investimento che richiedono un'azione minima da parte dell'investitore. Queste strategie comportano l'acquisto di investimenti progettati per essere mantenuti a lungo termine, concentrandosi sulla massimizzazione dei rendimenti senza la necessità di negoziazioni frequenti. A differenza dei day trader o degli investitori guidati dalle notizie, gli investitori passivi aderiscono a un approccio "buy-and-hold", consentendo ai loro investimenti di crescere nel tempo. Questa strategia è strettamente associata agli investitori indicizzati che mirano ai rendimenti di mercato senza gonfiare i costi di investimento.

Tipi di approcci di investimento passivo

Esistono vari approcci di investimento passivo, tra cui:

- **ETF/Fondi indicizzati** : fondi che replicano gli indici di mercato, offrendo un'ampia esposizione al mercato.
- **Fondi settoriali** : focalizzati su specifici settori industriali.
- **Fondi indicizzati a capitalizzazione di mercato** : investimenti basati sulla capitalizzazione di mercato delle società.

- **Fondi a dividendi** : investimenti in società che pagano dividendi regolari.
- **Fondi bilanciati** : un mix di azioni e obbligazioni per bilanciare rischio e rendimento.
- **Fondi Lifecycle** : concepiti per adeguare la combinazione di attività dell'investitore man mano che si avvicina alla pensione.
- **Fondi ESG e SRI** : investimenti che tengono conto di criteri ambientali, sociali e di governance.
- **Fondi globali** : investimenti nei mercati internazionali.
- **Fondi di reddito** : focalizzati sulla generazione di reddito regolare per gli investitori.

Vantaggi degli investimenti passivi

- **Costi bassi** : commissioni e costi di transazione ridotti.
- **Guadagni costanti a lungo termine** : rendimenti costanti per un periodo prolungato.
- **Esposizione complessiva al mercato** : ampia diversificazione sul mercato.
- **Basso rischio** : volatilità ridotta rispetto al trading attivo.
- **Facilità d'uso** : semplicità nella gestione degli investimenti.

Svantaggi degli investimenti passivi

- **Non è possibile "battere il sistema"** : incapacità di superare il mercato attraverso strategie a breve termine.
- **Performance dipendente dal mercato** : dipendenza dalle tendenze generali del mercato.

- **Potenziale di rendimenti amplificati** : rischio di concentrazione più elevato se molti investitori seguono la stessa strategia.
- **Rischio di liquidità** : possibili problemi di liquidità durante le flessioni del mercato.

Definizione e tipi

A livello di ingresso, le discussioni sugli investimenti spesso ruotano attorno a due tipologie principali: passivo e attivo. Molti investitori moderni, compresi quelli in criptovaluta e stock option, incorporano investimenti passivi nei loro portafogli. Questi investimenti sono caratterizzati da un contributo giornaliero minimo una volta acquisiti, concentrandosi sulle performance storiche piuttosto che sui potenziali rendimenti futuri.

Investimenti attivi : al contrario, gli investimenti attivi implicano una selezione deliberata e una negoziazione frequente basata sulle prospettive di performance. Questo approccio mira a superare le medie di mercato tramite acquisti e vendite strategici.

Vantaggi e svantaggi

Gli investimenti passivi offrono vantaggi significativi, ma presentano anche alcuni svantaggi. Sfruttano lo slancio del mercato con meno transazioni, spesso definite "inception trade" dagli economisti Eduardo Dávila e Cecilia Parlatore. Tuttavia, un'elevata partecipazione al mercato nelle strategie passive può ridurre la diversità e amplificare i rendimenti, portando a potenziali perdite di valore e problemi di liquidità durante il ribilanciamento regolare.

Vantaggi :

- Bassi costi di transazione.
- Crescita costante e a lungo termine.
- Ampia esposizione al mercato.

- Semplicità e facilità di gestione.

Svantaggi :

- Incapacità di sovraperformare il mercato.
- Dipendenza dall'andamento del mercato.
- Rischio di riduzione della diversità.
- Potenziali problemi di liquidità.

Insomma

Comprendere le dinamiche degli investimenti passivi è fondamentale per qualsiasi investitore. Sebbene offrano semplicità e guadagni a lungo termine, è essenziale essere consapevoli dei loro limiti e dei potenziali rischi. Riconoscendo i vantaggi e gli svantaggi, gli investitori possono prendere decisioni informate che si allineano ai loro obiettivi finanziari.

2

L'ascesa degli investimenti passivi

L'inizio dell'investimento passivo come lo conosciamo può essere fatto risalire alla metà degli anni '70, quando emerse come alternativa alla tradizionale gestione attiva. Catturò rapidamente l'interesse di accademici e investitori individuali che erano scettici sulla capacità dei gestori di denaro professionisti di generare rendimenti superiori. Sebbene i metodi di investimento passivo esistessero nei decenni precedenti, le incarnazioni moderne del portafoglio passivo e del fondo comune indicizzato non debuttarono prima del 1975 e del 1976, rispettivamente.

Contesto storico e fattori chiave

Il passaggio dall'investimento attivo è stato guidato dalla sottoperformance costante e visibile di azioni e obbligazioni individuali rispetto ai benchmark di mercato ampiamente diversificati. Gli investitori hanno iniziato a rendersi conto che i fondi gestiti attivamente spesso non riuscivano a sovraperformare il mercato, rendendo l'investimento passivo un'alternativa interessante.

Due fattori principali hanno permesso agli investimenti passivi di guadagnare popolarità:

1. **Sviluppo della base azionaria** : l'espansione della base azionaria della nazione ha permesso ai normali investitori individuali di possedere azioni più facilmente. Prima degli anni '70 e dei primi anni '80, solo le famiglie molto ricche, i fondi comuni di investimento e i fondi pensione potevano permettersi di investire nel mercato azionario. La democratizzazione della proprietà azionaria è stata fondamentale per rendere popolare l'investimento passivo.
2. **Declino del vantaggio informativo** : il vantaggio informativo dei gestori attivi è diminuito a causa di una serie di iniziative di deregolamentazione, come l'Investment Company Act del 1940. Questa legislazione mirava a prevenire un altro crollo del mercato azionario, ma ha anche portato a un settore degli investimenti oligopolistico con una limitata necessità di consulenza sugli investimenti oltre a ciò che le aziende potevano offrire. Il declino del vantaggio informativo dei gestori attivi ha reso gli investimenti passivi più allettanti per gli investitori.

La fine dell'era "Nifty Fifty"

L'ascesa degli investimenti passivi coincise con la fine della mania dei "Nifty Fifty". Dal 1973 al 1974, all'apice della loro popolarità, gli investitori specularono pesantemente su una manciata di azioni "one-decision", società considerate così solide da essere considerate investimenti buy-and-hold-forever. Tuttavia, la sopravvalutazione di queste azioni, alcune con rapporti P/E superiori alla regola dei dieci anni proposta da Francis Schaeffer, evidenziò i rischi della selezione attiva delle azioni e rafforzò l'attrattiva degli investimenti passivi.

Transizione verso strategie passive moderne

La transizione alle moderne strategie passive ha segnato un cambiamento significativo nella filosofia di investimento. I fondi comuni indicizzati, introdotti a metà degli anni '70, hanno consentito agli investitori di eguagliare la performance degli indici di mercato anziché tentare di superarli. Questo approccio ha fornito un modo conveniente per ottenere un'ampia esposizione al mercato e ridurre al minimo i rischi associati alla gestione attiva.

Impatto sul settore degli investimenti

L'ascesa degli investimenti passivi ha trasformato il settore degli investimenti, portando a una maggiore trasparenza e a costi inferiori per gli investitori. Man mano che più individui adottavano strategie passive, la domanda di fondi indicizzati e fondi negoziati in borsa (ETF) è aumentata, consolidando ulteriormente il predominio degli investimenti passivi nei mercati finanziari.

Insomma

Comprendere l'ascesa degli investimenti passivi fornisce preziose informazioni sull'evoluzione delle strategie di investimento. Il passaggio dalla gestione attiva a quella passiva è stato guidato dalla necessità di rendimenti costanti, efficienza dei costi e un più ampio accesso al mercato. Riconoscendo il contesto storico e i driver chiave, gli investitori possono apprezzare i vantaggi e i limiti degli investimenti passivi nell'attuale panorama finanziario.

3

Idee sbagliate comuni

Nonostante la crescente popolarità di veicoli di investimento passivi come fondi indicizzati ed ETF, alcuni investitori rimangono scettici sulla loro efficacia rispetto alla gestione attiva. I critici dell'investimento passivo spesso si oppongono evidenziando i limiti percepiti e contrapponendoli alle strategie "attive". Affrontiamo alcuni di questi comuni equivoci.

Idea sbagliata 1: gli investimenti passivi sono inutili

Un argomento frequente contro l'investimento passivo è l'idea che non ci sia bisogno di pagare qualcuno per investire semplicemente denaro nell'indice S&P 500. Questa prospettiva semplifica eccessivamente il valore dell'investimento passivo. La realtà è che l'indice S&P 500 ha costantemente fornito un modo affidabile per catturare la performance economica superiore del mercato statunitense con un rischio relativamente basso.

Equivoco 2: le opportunità attive sono superiori

Un altro malinteso diffuso è che gli investimenti passivi impediscano agli investitori di accedere ai titoli più entusiasmanti e innovativi. I critici spesso propugnano le opportunità attive, suggerendo che offrono rendimenti migliori. Tuttavia, questo ignora la performance costante degli investimenti passivi nel tempo. Mentre gli investimenti attivi possono occasionalmente sovraperformare, spesso lo fanno a costo di rischi e commissioni più elevati.

La realtà delle performance del mercato

Comprendere la storia delle performance del mercato azionario negli Stati Uniti rivela la follia di queste idee sbagliate. L'indice S&P 500, ad esempio, ha dimostrato resilienza e crescita nonostante le crisi economiche. Durante la Grande recessione del 2008, l'indice è sceso di circa il 40%, ma è rimbalzato l'anno successivo, evidenziando la sua stabilità a lungo termine. Le azioni sono intrinsecamente volatili a causa della domanda e dell'offerta, delle condizioni economiche e degli eventi imprevedibili. Questa volatilità è un aspetto naturale dell'investimento, indipendentemente dalla strategia.

La coerenza degli investimenti passivi

L'investimento passivo si concentra sulla crescita a lungo termine e sull'esposizione al mercato senza la necessità di negoziazioni frequenti. Questo approccio riduce al minimo i costi e i rischi associati alla gestione attiva. La performance degli investimenti passivi, come l'indice S&P 500, dimostra la loro capacità di offrire rendimenti costanti nel tempo. Nonostante le fluttuazioni del mercato, la tendenza generale è stata al rialzo, rendendo l'investimento passivo una strategia praticabile per molti investitori.

Approfondimenti economici

Concetti economici complessi spiegano perché queste idee sbagliate sono fuorvianti. Gli investimenti passivi offrono ampia esposizione al mercato, bassi costi e rischio ridotto, che sono attributi interessanti per molti investitori. I benefici a lungo termine delle strategie passive superano l'attrattiva a breve termine del trading attivo, soprattutto se si considerano i dati storici sulle performance.

Insomma

Affrontare questi comuni equivoci è fondamentale per comprendere il vero valore degli investimenti passivi. Sebbene le strategie attive possano sembrare allettanti, le performance costanti, i bassi costi e il rischio ridotto associati agli investimenti passivi li rendono un forte contendente per la crescita finanziaria a lungo termine. Riconoscendo le realtà delle performance di mercato e i vantaggi delle strategie passive, gli investitori possono prendere decisioni più consapevoli sul loro futuro finanziario.

4

Fattori di rischio negli investimenti passivi

A causa del vasto numero di potenziali investimenti passivi, gli indici che monitorano cambiano costantemente, contribuendo alla volatilità del mercato. Con l'evoluzione dell'economia, i fondi devono acquistare nuovi asset e venderne altri per rimanere allineati con l'indice aggiornato. Ad esempio, nel 2021, Tesla è rapidamente salita fino a diventare una delle aziende più preziose nell'S&P 500. Questa rapida ascesa ha portato molti investitori a tuffarsi, causando la sopravvalutazione del titolo. Di conseguenza, le azioni di Tesla hanno iniziato a essere scambiate lateralmente fino a quando non sono state infine rimosse dall'indice. Questo scenario sottolinea come i cambiamenti nella composizione dell'indice possano portare a una sopravvalutazione e alle successive correzioni dei prezzi.

Strategie di investimento tecnico

Le strategie di investimento tecnico spesso si basano su dati storici sui prezzi per identificare potenziali punti di acquisto e vendita. Gli investimenti passivi in genere acquistano azioni quando vengono aggiunte a un indice e le vendono quando vengono rimosse. Questo approccio può comportare una domanda inferiore da parte degli investitori al dettaglio e una liquidità ridotta tra questi eventi, accentuando potenzialmente eventuali trend al ribasso.

Mancanza di gestione attiva

I fondi passivi non hanno un gestore attivo che possa rispondere a cali significativi nei prezzi dei titoli investendo attivamente in attività che dovrebbero sovraperformare il mercato. Invece, sono programmati per acquistare e detenere i titoli nel loro indice. Un esempio notevole di ciò è stato durante la svendita del mercato a marzo 2020. L'entità e la velocità della svendita hanno portato alcuni fondi passivi a congelare i riscatti, impedendo agli investitori di vendere in preda al panico. Altri fondi hanno dovuto affrontare significativi errori di tracciamento poiché il calo di valore di alcuni titoli ha portato a restrizioni sui nuovi prestiti. Ciò li ha costretti a vendere altre partecipazioni per soddisfare i riscatti, influenzando ulteriormente il valore delle azioni ancora negoziate nel fondo.

Volatilità del mercato

Uno dei rischi principali associati agli investimenti passivi è la volatilità del mercato. I veicoli di investimento passivi imitano da vicino l'indice di mercato che seguono. Se l'indice sottostante fluttua ampiamente, il valore dell'investimento segue l'esempio. I dati storici mostrano che la volatilità del mercato è la regola piuttosto che l'eccezione. Ad esempio, da metà 2007 al 2009, l'S&P 500 ha subito una perdita drammatica di quasi il 50%. Questa volatilità non solo ha portato a sostanziali perdite in dollari sui valori degli investimenti, ma anche a un calo significativo del potenziale reddito da dividendi. Molti investitori hanno venduto azioni per fermare le loro perdite, senza rendersi conto che coloro che hanno venduto quando i prezzi delle azioni erano al minimo hanno perso di più. Questo comportamento reazionario è noto come "acquista alto e vendi basso", una strada sicura per le perdite di investimento.

In effetti, l'investitore passivo ha optato per un fondo di "asset allocation" con una strategia "buy and hold" cieca. Quando un calo del valore del portafoglio e del reddito da dividendi si combina con una struttura di investimento scarsamente diversificata (il che significa che una parte sostanziale dei risparmi è concentrata in una classe di attività), la capacità di andare in pensione a 60 anni potrebbe essere compromessa. La concentrazione iperattiva e la mancanza di diversificazione invitano al disastro da eventi futuri imprevedibili e fanno sì che la maggior parte degli investitori si venda a causa di una mancanza di tolleranza per le fluttuazioni del mercato. Per prevenire una tale reazione è necessario un portafoglio ben diversificato, qualcosa di contrario alla dottrina dell'investitore passivo.

Mancanza di gestione attiva

Una caratteristica importante dell'investimento passivo è l'assenza di gestione attiva, che comporta spese di gestione notevolmente inferiori. Tuttavia, ciò comporta alcuni svantaggi. Invece di concentrarsi sull'allocazione e sulla gestione attiva, un gestore di fondi passivi si concentra semplicemente sulla quantità e sulle caratteristiche delle attività nell'indice scelto. Non c'è bisogno di trading attivo per modificare la struttura del fondo, il che può comportare potenziali implicazioni negative associate alla gestione passiva. Il portafoglio del fondo viene creato una volta all'inizio e rimane invariato fino alla fine della sua esistenza. Tuttavia, un investitore passivo che osserva un valore di mercato in calo potrebbe sentire un forte bisogno di riconsiderare la composizione del fondo.

Esistono delle limitazioni per tali operazioni. Un fondo passivo o una società di azioni è riconosciuta dagli investitori come un meccanismo per replicare il rendimento di un benchmark scelto. Il rendimento del fondo è gestito per allinearsi al benchmark, riducendo al minimo gli errori di tracciamento. Gli investitori in tali fondi solitamente escono dopo un periodo di performance bassa o negativa.

Pertanto, mentre l'investimento passivo comporta un trading attivo minimo da parte dei gestori dei fondi, può portare a un trading attivo da parte degli investitori stessi. Se un investitore passivo non è preparato a rapidi cali di prezzo e inizia a vendere frettolosamente gli asset del portafoglio, ciò potrebbe coincidere con un minimo di mercato, esacerbando le perdite.

Insomma

Comprendere i fattori di rischio associati agli investimenti passivi è fondamentale per prendere decisioni finanziarie consapevoli. La volatilità del mercato, l'assenza di una gestione attiva e le sfide intrinseche del monitoraggio degli indici possono avere un impatto sulla performance dei fondi passivi. Riconoscendo questi rischi, gli investitori possono orientarsi meglio nelle complessità degli investimenti passivi e sviluppare strategie per mitigare i potenziali svantaggi.

5

Casi di studio di fallimenti di investimenti passi

Caso di studio: Lunedì nero

Il crollo del mercato azionario dell'ottobre 1987, noto come Black Monday, è un esempio lampante dei rischi associati agli investimenti passivi. Prima del crollo, il rendimento del Treasury bond statunitense a 10 anni è aumentato costantemente, poiché gli investitori hanno reagito alle prospettive di un'inflazione alle stelle e di un potere d'acquisto in calo a causa di un dollaro statunitense più debole. Questa è stata una reazione al voto del Congresso degli Stati Uniti per aumentare il tetto del debito. La frenesia di vendita risultante ha spinto i rendimenti obbligazionari a 120 punti base in meno entro il 20 ottobre 1987. Nonostante i movimenti in varie componenti del mercato, il Dow Jones Industrial Average (DJIA) ha continuato la sua traiettoria discendente per tutta la settimana, culminando nel crollo del Black Monday.

Lo schianto

Il 19 ottobre 1987, il DJIA crollò del 22,61% in un solo giorno, un calo catastrofico che colse di sorpresa molti investitori. Coloro che avevano investito passivamente in titoli del Tesoro USA potrebbero aver pensato di aver diversificato a sufficienza i loro portafogli per proteggersi dalla volatilità del mercato azionario. Tuttavia, il cosiddetto "porto sicuro" dei titoli del Tesoro USA crollò del 4,66% lo stesso giorno. Questo calo inaspettato dei valori dei titoli del Tesoro mise in luce i limiti dell'affidarsi esclusivamente a strategie passive per la diversificazione.

Impatto sui futures obbligazionari

Per sottolineare l'entità della crisi finanziaria, i future obbligazionari a lungo termine sono scesi del 9,7% il Black Monday. Anche se le borse dei future avevano inizialmente limitato il movimento dei future obbligazionari a 30 anni del Tesoro USA a 2 punti al giorno, la restrizione è stata revocata il 20 ottobre, causando un calo dei future obbligazionari a lungo termine del 17,7% in soli due giorni. La semplice anticipazione di un aumento dello spread dei tassi di interesse tra i titoli del Tesoro a lungo termine e i componenti del Dow ha fatto scendere significativamente i prezzi del Tesoro, dimostrando l'interconnessione delle componenti di mercato e le sfide nella copertura contro tali fallimenti di mercato diffusi.

Lezioni apprese

Il crollo del Black Monday rivela diverse lezioni fondamentali per gli investitori che si affidano a strategie passive:

- **Limiti di diversificazione** : detenere semplicemente un portafoglio diversificato di investimenti passivi non garantisce la sicurezza dalla volatilità del mercato. La correlazione tra diverse classi di attività può portare a cali simultanei, indebolendo la sicurezza percepita.
- **Interdipendenza del mercato** : i mercati finanziari sono altamente interconnessi e gli eventi che interessano un settore possono avere effetti a cascata sugli altri. Gli investitori passivi devono comprendere che i fattori economici esterni possono avere un impatto significativo sui loro portafogli.

- **Mancanza di gestione attiva** : gli investimenti passivi non hanno gli aggiustamenti proattivi che la gestione attiva può fornire. In periodi di difficoltà del mercato, l'assenza di un gestore attivo per gestire la volatilità può comportare perdite sostanziali.

Insomma

Il crollo del Black Monday è un potente promemoria dei rischi intrinseci degli investimenti passivi. Mentre le strategie passive offrono vantaggi come costi inferiori e ampia esposizione al mercato, non sono immuni a eventi di mercato estremi. Riconoscendo questi rischi e comprendendo i limiti delle strategie passive, gli investitori possono prendere decisioni più consapevoli e considerare l'incorporazione di un mix di gestione passiva e attiva per mitigare potenziali svantaggi.

6

Strategie per mitigare i rischi negli investimenti

Le scoperte di Dylan e Kimberly suggeriscono che gli investitori possono proteggersi da alcuni rischi associati agli investimenti passivi diversificando i loro portafogli su un'ampia gamma di regioni geografiche e settori. "Dopo tutto", scrivono, "il vantaggio principale della strategia di indicizzazione a basso costo è presumibilmente la diversificazione a livello di portafoglio che offre". La diversificazione può aiutare a ridurre le perdite quando mercati o settori specifici subiscono flessioni, anche se può comportare una serie di sfide.

Integrare le strategie passive con la vigilanza

Per ridurre l'esposizione alla pericolosa dipendenza da movimenti azionari insensati, avidi o guidati dal panico, gli investitori dovrebbero integrare le loro strategie passive con un atteggiamento di acuta vigilanza. Queste strategie incoraggiano almeno un monitoraggio annuale delle condizioni di mercato che sostengono i tornei azionari a basso rischio creati dall'indicizzazione. Le istituzioni che pubblicizzano prodotti passivi hanno l'obbligo di garantire che gli individui monitorino attivamente i loro investimenti. Fortunatamente, molti investitori al dettaglio mostrano già questa vigilanza, gestendo attivamente i loro portafogli nonostante detengano azioni "sicure".

Gli investitori possono anche imporre la propria disciplina sbarazzandosi di azioni o interi fondi quando le circostanze cambiano e spostandosi verso nuovi investimenti che avranno prestazioni migliori nelle condizioni attuali. Questo approccio attivo può garantire che un portafoglio venga "resettato" e operi in base ai fondamentali attuali.

Diversificazione

La diversificazione è uno strumento chiave di mitigazione del rischio negli investimenti, ed è particolarmente importante per i fondi passivi. Distribuendo gli investimenti su diversi fattori, come regioni geografiche, settori e classi di attività, gli investitori possono ridurre al minimo l'esposizione al rischio. Questo approccio riduce la probabilità che tutte le opzioni di investimento o le attività subiscano un impatto negativo simultaneamente.

I fondi passivi spesso seguono i mercati, con indici definiti in vari modi (ad esempio, ponderati in base alla capitalizzazione di mercato). Investitori individuali, aziende e istituzioni pubbliche possono proteggere il valore del loro investimento incorporando la diversificazione nella loro strategia più ampia. Va notato che la diversificazione non aumenta necessariamente il valore o previene le perdite, ma aumenta la probabilità di risultati futuri favorevoli date varie condizioni di mercato. Da una prospettiva di rischio, la diversificazione influisce sulla struttura di covarianza del portafoglio, sulla divisione dei rendimenti e sulla varianza.

Ad esempio, con 12 settori industriali definiti dal sistema Global Industry Classification Standard (GICS) all'interno del Russell 1000, un investitore che applica una strategia di diversificazione di peso uguale avrebbe circa l'8,33% del proprio portafoglio esposto al rischio in ciascun settore. In alternativa, potrebbe investire più pesantemente in determinati settori come l'informatica e l'assistenza sanitaria, e meno in altri come l'immobiliare e i beni di consumo di base.

Monitoraggio e ribilanciamento regolari

Anche senza una gestione attiva, il monitoraggio e il ribilanciamento regolari sono essenziali per mantenere il mix di asset desiderato. I gestori di fondi passivi dovrebbero monitorare ogni asset almeno una volta all'anno per garantire che il portafoglio rimanga allineato ai suoi obiettivi. Nel tempo, i cambiamenti nelle condizioni di mercato possono far sì che il portafoglio si discosti dalla sua allocazione originale.

Avere un obiettivo chiaro in mente può indicare quando ribilanciare il portafoglio. Sebbene gli sviluppi del mercato possano modificare le ponderazioni desiderate, un investitore potrebbe voler aumentare l'esposizione ad asset in apprezzamento (ad esempio, asset reali) gestendo al contempo vincoli normativi e potenziali implicazioni fiscali.

Il ribilanciamento aiuta a mantenere il profilo di rischio del portafoglio e garantisce che rimanga allineato con gli obiettivi finanziari dell'investitore. Regolando regolarmente l'allocazione degli asset, gli investitori possono mitigare l'impatto della volatilità del mercato e di altri fattori esterni.

Insomma

Per mitigare i rischi negli investimenti passivi è necessaria una combinazione di diversificazione, monitoraggio regolare e ribilanciamento. Distribuendo gli investimenti tra diverse regioni, settori e classi di attività, gli investitori possono ridurre la loro esposizione a rischi specifici. Integrare le strategie passive con vigilanza e aggiustamenti periodici aiuta a mantenere l'allineamento del portafoglio con gli obiettivi finanziari e le condizioni di mercato. La comprensione di queste strategie consente agli investitori di navigare nelle complessità degli investimenti passivi e raggiungere il successo finanziario a lungo termine.

Conclusione

In questo saggio sul falso senso di sicurezza negli investimenti passivi, ho sostenuto che mentre gli investimenti passivi sono spesso elogiati per la loro capacità di fornire agli individui rendimenti medi o superiori alla media a basso costo e alta efficienza, nascondono anche diversi svantaggi significativi che vengono spesso trascurati. Due aspetti negativi principali sono la convinzione errata nell'efficienza del mercato e l'idea sbagliata che i premi degli investimenti attivi non giustifichino i loro costi.

Efficienza del mercato e rischio latente

L'ipotesi che i mercati siano perfettamente efficienti e che gli investimenti passivi supereranno sempre le aspettative è fondamentalmente errata. Gli investitori di tutti i giorni spesso non riescono a fare trading con la stessa frequenza o efficacia che le dinamiche di mercato potrebbero suggerire. Ciò si traduce in un rischio latente e, presumibilmente, in una fragilità nei loro portafogli. Inoltre, ciò può portare a una discrepanza tra il portafoglio di un investitore e la sua preferenza temporale per il rischio, mettendo potenzialmente a repentaglio i suoi obiettivi finanziari.

Rischio morale collettivo

Inoltre, gli investimenti passivi incorporano una forma di rischio morale collettivo. Mentre i singoli investitori potrebbero evitare la speculazione, il vasto bacino di investitori all'interno di un fondo di investimento passivo non può sfuggire alle conseguenze negative. Questo comportamento collettivo può invitare a risultati avversi, come una diminuzione della fiducia sociale e un indebolimento del senso di comunità e continuità. Le ampie implicazioni del fare affidamento esclusivamente su investimenti passivi possono minare la conservazione e la continuazione di ciò che gli investitori hanno di caro.

Equilibrio tra strategie attive e passive

In conclusione, mentre gli investimenti passivi sono ampiamente utilizzati a livello globale da diversi investitori e organizzazioni individuali, è fondamentale riconoscere i potenziali rischi e le idee sbagliate che comportano. Ottenere un approccio equilibrato che incorpori strategie sia attive che passive può aiutare a mitigare questi rischi. La gestione attiva può fornire gli aggiustamenti necessari durante le fluttuazioni del mercato, mentre le strategie passive offrono efficienza dei costi e ampia esposizione al mercato. Essendo consapevoli del falso senso di sicurezza che gli investimenti passivi possono creare, gli investitori possono prendere decisioni più consapevoli e proteggere il loro futuro finanziario in modo più efficace.

Riferimenti

1. "Proprietà fisica: puoi portarla con te." Discute tre metodi principali di investimento in oro: acquisto di oro fisico, acquisto di azioni di società di estrazione dell'oro e acquisto di azioni di un fondo che detiene lingotti d'oro fisici. Ogni metodo ha i suoi vantaggi e svantaggi.
2. "Sondaggio: i fondi comuni di investimento che seguono l'indice dovrebbero registrare i maggiori afflussi". Rapporti su tre società di gestione in India, Kotak, IDBI e Gold, che offrono ETF che replicano indici di ampia portata, con coefficienti di spesa notevolmente bassi, pari allo 0,80%.
3. Piano pensionistico obbligatorio dell'Ontario: analizza come le dichiarazioni di benefit, le proiezioni pensionistiche e i report sul valore commutato si basano sui tassi dei titoli di Stato a basso rischio. Evidenzia potenziali insufficienze nel generare rendimenti reali per proteggere dall'inflazione e dalla longevità per rendite e Life Income Funds (LIF).
4. "Robo-Advisor: non così semplici e facili come sembrano". Esplora come i Robo-Advisor utilizzano combinazioni ponderate in base al capitale di Exchange Traded Fund (ETF) per mantenere bassi i costi di negoziazione e i Management Expense Ratio (MER). Nota l'elevata correlazione nei mix di investimento tra diversi Robo-Advisor e l'uso comune del 3-5% di liquidità per mantenere stabile l'allocazione strategica degli asset durante i mercati volatili.

www.ingramcontent.com/pod-product-compliance
Lightning Source LLC
LaVergne TN
LVHW092054051026
849517LV00013B/2663
* 9 7 9 8 3 4 9 2 2 5 2 1 5 *